재미있고 빠른
영단어 쓰기

_____ 의 영단어 쓰기 책

HB 한빛에듀

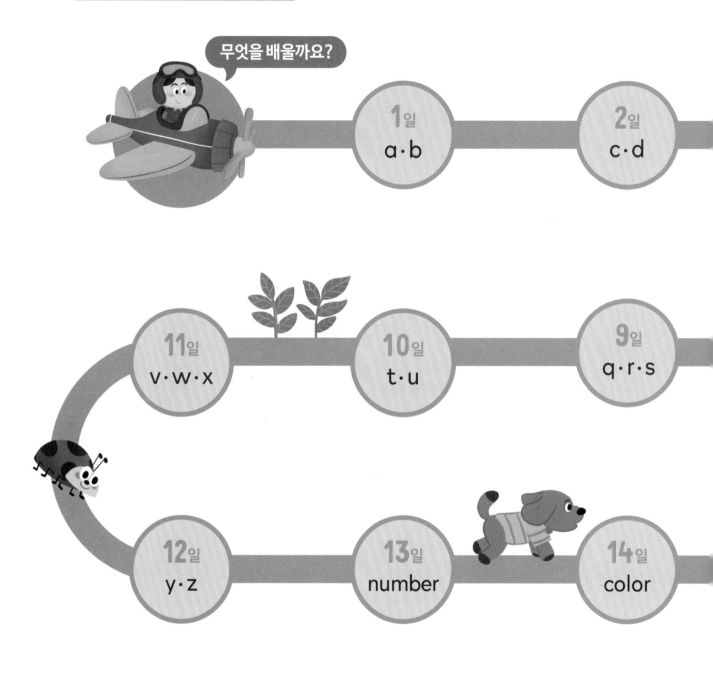

무엇을 배울까요?

1일
a·b

2일
c·d

11일
v·w·x

10일
t·u

9일
q·r·s

12일
y·z

13일
number

14일
color

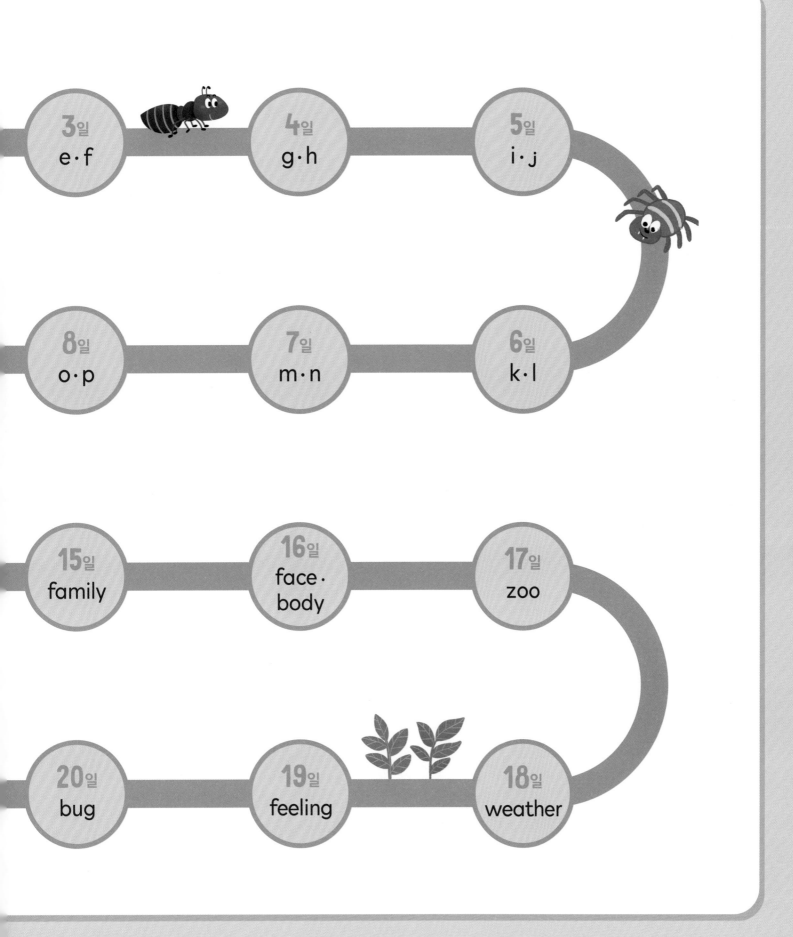

3일 e·f

4일 g·h

5일 i·j

8일 o·p

7일 m·n

6일 k·l

15일 family

16일 face·body

17일 zoo

20일 bug

19일 feeling

18일 weather

'재미있고 빠른 영단어 쓰기' 구성과 활용법

a~z까지 알파벳으로 시작하는 영어 단어 쓰기

삼선 칸에 맞춰
영단어를 쓰면서
올바르게 쓰는
법을 배워요.

알파벳 1개에 영단어
3~4개씩, 총 103개의
단어를 읽고 쓰기 연습을
반복해요.

복습 활동을 하며 영어 단어를 익혀요

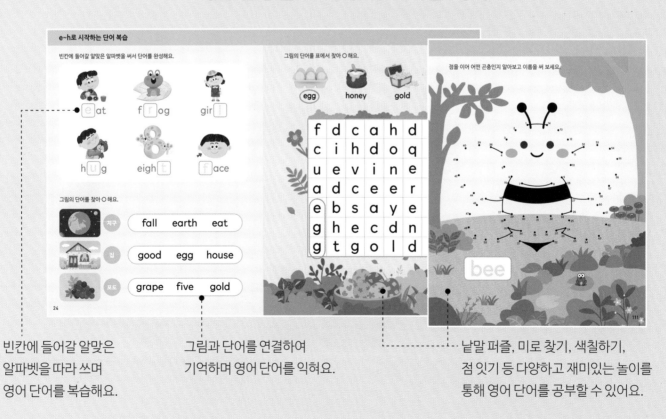

빈칸에 들어갈 알맞은
알파벳을 따라 쓰며
영어 단어를 복습해요.

그림과 단어를 연결하여
기억하며 영어 단어를 익혀요.

낱말 퍼즐, 미로 찾기, 색칠하기,
점 잇기 등 다양하고 재미있는 놀이를
통해 영어 단어를 공부할 수 있어요.

주제별 영어 단어를 따라 쓰며 익혀요

숫자, 색깔, 가족, 얼굴, 몸, 동물, 날씨, 감정,
곤충과 관련 있는 영어 단어를 한눈에 볼 수
있도록 구성했어요.

9가지 주제와 관련 있는
영어 단어 68개를
배울 수 있어요.

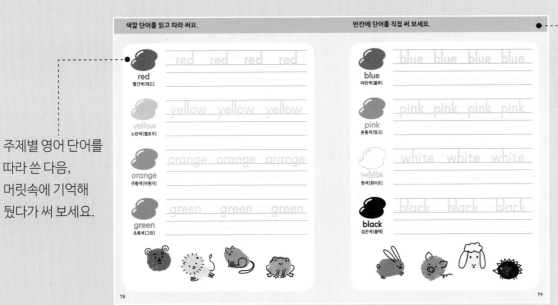

주제별 영어 단어를
따라 쓴 다음,
머릿속에 기억해
뒀다가 써 보세요.

여러 번 반복해서
쓰는 것이 영어 단어를
외우는 데 가장 큰
도움이 됩니다.

* 영어 단어와 함께 표기한 한글 영어 발음은 발음 기호를 배우기 전 아이들의 지도 편의를 위해 수록했습니다. 정확한 발음은 온라인 사전의 발음 듣기를 참고해 주세요.

사과

apple

[애플]

apple   apple   apple

apple   apple   apple

개미

ant

[앤트]

ant   ant   ant   ant

ant   ant   ant   ant

천사

angel

[앤젤]

angel   angel   angel

angel   angel   angel

화나다

angry

[앵그리]

angry   angry   angry

angry   angry   angry

바나나

banana

[버네너]

banana banana banana

banana banana banana

새

bird

[버드]

bird bird bird bird

bird bird bird bird

남자아이

boy

[보이]

boy   boy   boy   boy

boy   boy   boy   boy

크다

big

[빅]

big   big   big   big

big   big   big   big

고양이

cat

[캣]

cat   cat   cat   cat

cat   cat   cat   cat

춥다

cold

[콜드]

cold   cold   cold   cold

cold   cold   cold   cold

구름

cloud

[클라우드]

cloud   cloud   cloud

cloud   cloud   cloud

초콜릿

chocolate

[차:클럿]

chocolate   chocolate

chocolate   chocolate

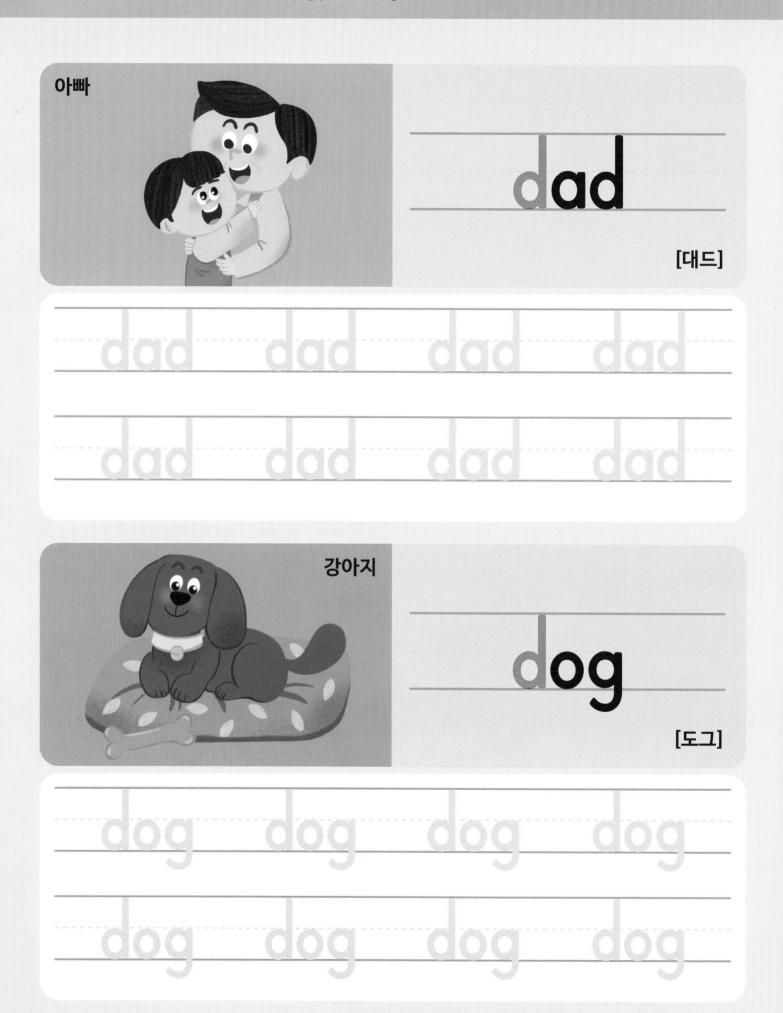

아빠

dad

[대드]

dad　dad　dad　dad

dad　dad　dad　dad

강아지

dog

[도그]

dog　dog　dog　dog

dog　dog　dog　dog

댄스

dance

[댄스]

dance   dance   dance

dance   dance   dance

책상

desk

[데스크]

desk   desk   desk   desk

desk   desk   desk   desk

빈칸에 들어갈 알맞은 알파벳을 써서 단어를 완성해요.

apple   a**n**t   d**o**g

banan**a**   **c**at   **d**esk

그림과 단어를 알맞게 연결해요.

cloud   bird   dad

'banana'의 알파벳 순서대로 길을 따라가 원숭이가 바나나를 먹을 수 있도록 도와 주세요.

15

알파벳 e로 시작하는 단어 읽고 쓰기

먹다

eat

[이트]

eat eat eat eat

eat eat eat eat

달걀

egg

[에그]

egg egg egg egg

egg egg egg egg

지구

earth

[얼스]

earth   earth   earth

earth   earth   earth

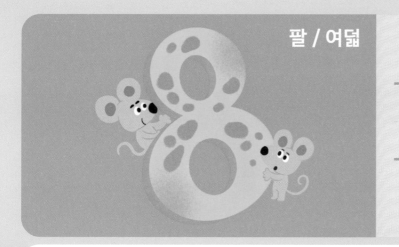

팔 / 여덟

eight

[에잇]

eight   eight   eight

eight   eight   eight

개구리

frog

[프라그]

frog frog frog frog

frog frog frog frog

가을

fall

[폴]

fall fall fall fall

fall fall fall fall

오 / 다섯

five

[파이브]

five five five five

five five five five

얼굴

face

[페이스]

face face face face

face face face face

금

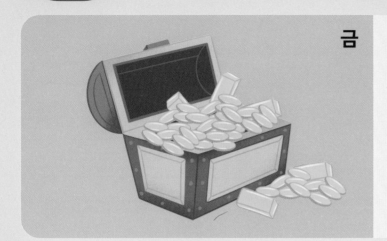

gold

[골드]

gold   gold   gold   gold

gold   gold   gold   gold

좋다

good

[굿]

good   good   good   good

good   good   good   good

여자아이

girl

[걸]

girl　girl　girl　girl

girl　girl　girl　girl

포도

grape

[그레이프]

grape　grape　grape

grape　grape　grape

포옹 / 안다

hug

[허그]

hug hug hug hug

hug hug hug hug

행복

happy

[해피]

happy happy happy

happy happy happy

22

집

house

[하우스]

house　　house　　house

house　　house　　house

꿀

honey

[허니]

honey　　honey　　honey

honey　　honey　　honey

e~h로 시작하는 단어 복습

빈칸에 들어갈 알맞은 알파벳을 써서 단어를 완성해요.

e at

f r og

gir l

h u g

eigh t

f ace

그림의 단어를 찾아 ○ 해요.

지구   fall   earth   eat

집   good   egg   house

포도   grape   five   gold

그림의 단어를 표에서 찾아 ○ 해요.

(egg)

honey

gold

five

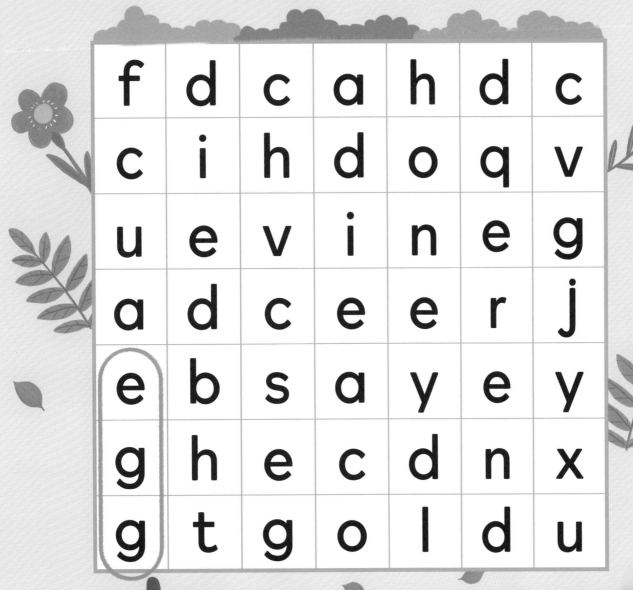

f	d	c	a	h	d	c
c	i	h	d	o	q	v
u	e	v	i	n	e	g
a	d	c	e	e	r	j
e	b	s	a	y	e	y
g	h	e	c	d	n	x
g	t	g	o	l	d	u

얼음

ice

[아이스]

ice　ice　ice　ice

ice　ice　ice　ice

생각

idea

[아이디어]

idea　idea　idea　idea

idea　idea　idea　idea

얼음집

igloo

[이글루]

igloo igloo igloo igloo

igloo igloo igloo igloo

곤충

insect

[인섹트]

insect insect insect

insect insect insect

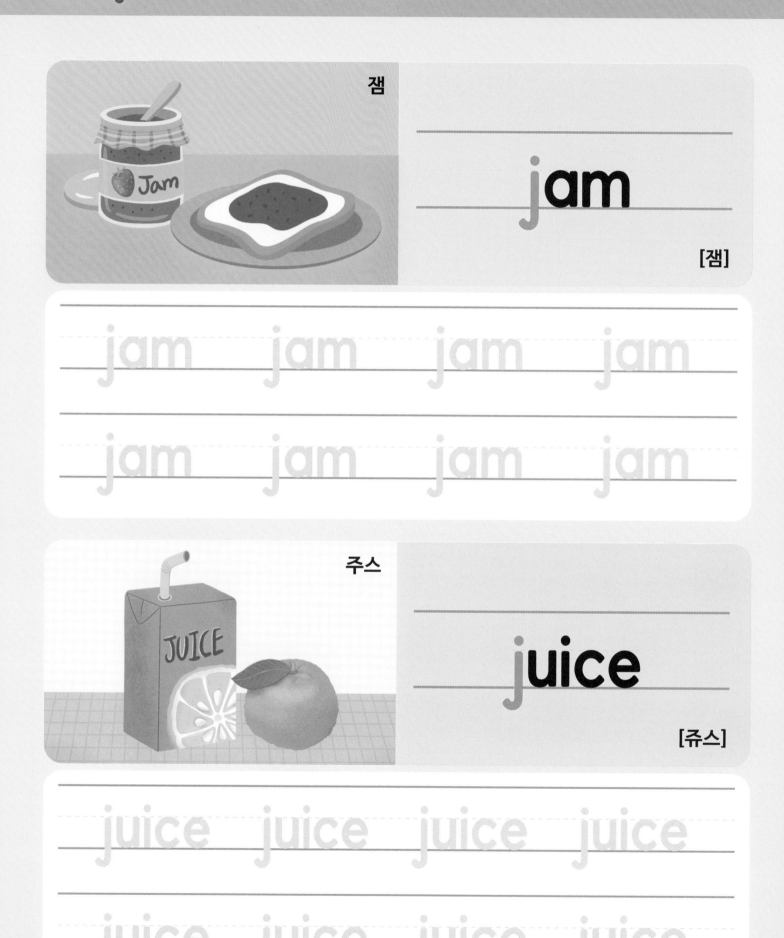

잼

jam

[잼]

jam jam jam jam

jam jam jam jam

주스

juice

[쥬스]

juice juice juice juice

juice juice juice juice

점프

jump

[점프]

jump   jump   jump   jump

jump   jump   jump   jump

재킷

jacket

[재킷]

jacket   jacket   jacket

jacket   jacket   jacket

열쇠

key

[키]

key key key key

key key key key

왕

king

[킹]

king king king king

king king king king

대한민국

Korea

[코리아]

Korea   Korea   Korea

Korea   Korea   Korea

아이

kid

[키드]

kid   kid   kid   kid

kid   kid   kid   kid

31

레몬

lemon

[레몬]

lemon   lemon   lemon

lemon   lemon   lemon

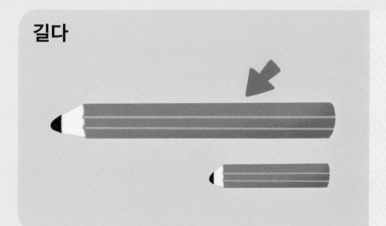

길다

long

[롱]

long   long   long   long

long   long   long   long

사자

lion

[라이언]

lion   lion   lion   lion

lion   lion   lion   lion

사랑

love

[러브]

love   love   love   love

love   love   love   love

i~ㅣ로 시작하는 단어 복습

빈칸에 들어갈 알맞은 알파벳을 써서 단어를 완성해요.

idea   juice   key

king   lion   jump

알맞은 단어의 칸을 색칠해요.

레몬	lamon	lemon
잼	jam	jan
사랑	love	lowe

말풍선 속 알파벳과 단어가 바르게 연결된 두 명의 친구를 찾아보세요.

엄마

mom

[맘]

mom mom mom mom

mom mom mom mom

달

moon

[문]

moon moon moon

moon moon moon

우유

milk

[밀크]

milk   milk   milk   milk

milk   milk   milk   milk

음악

music

[뮤직]

music   music   music

music   music   music

견과

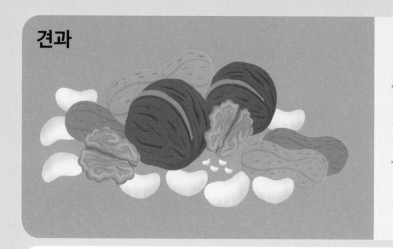

nut

[너트]

nut   nut   nut   nut

nut   nut   nut   nut

둥지

nest

[네스트]

nest   nest   nest   nest

nest   nest   nest   nest

코

nose

[노우즈]

nose nose nose nose

nose nose nose nose

밤

night

[나이트]

night night night

night night night

열다

open

[오픈]

open　open　open　open

open　open　open　open

일 / 하나

one

[원]

one　one　one　one

one　one　one　one

오케이

okay

[오케이]

okay okay okay okay

okay okay okay okay

오렌지

orange

[어륀지]

orange orange orange

orange orange orange

공원

park

[파알크]

park   park   park   park

park   park   park   park

조종사

pilot

[파일럿]

pilot   pilot   pilot

pilot   pilot   pilot

프라이팬

pan

[팬]

pan   pan   pan   pan

pan   pan   pan   pan

판다

panda

[팬더]

panda   panda   panda

panda   panda   panda

빈칸에 들어갈 알맞은 알파벳을 써서 단어를 완성해요.

m oon

n u t

pil o t

orang e

mu s ic

ni g ht

그림과 단어를 알맞게 연결해요.

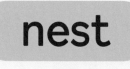 nest

 milk

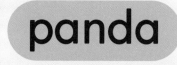 panda

알파벳으로 시작하는 단어의 그림을 찾아 색칠해요.

퀴즈

quiz

[퀴즈]

quiz   quiz   quiz   quiz

quiz   quiz   quiz   quiz

여왕

queen

[퀸]

queen   queen   queen

queen   queen   queen

빠른

quick

[퀵]

quick   quick   quick

quick   quick   quick

질문

question

[퀘스천]

question   question

question   question

비

rain

[레인]

rain   rain   rain   rain

rain   rain   rain   rain

토끼

rabbit

[레빗]

rabbit   rabbit   rabbit

rabbit   rabbit   rabbit

밥 / 쌀

rice

[라이스]

rice   rice   rice   rice

rice   rice   rice   rice

로켓

rocket

[롸킷]

rocket   rocket   rocket

rocket   rocket   rocket

바다

sea

[씨]

sea sea sea sea

sea sea sea sea

눈

snow

[스노우]

snow snow snow

snow snow snow

태양

sun

[썬]

sun   sun   sun   sun

sun   sun   sun   sun

모래

sand

[샌드]

sand sand sand sand

sand sand sand sand

장난감

toy

[토이]

toy   toy   toy   toy

toy   toy   toy   toy

텐트

tent

[텐트]

tent   tent   tent   tent

tent   tent   tent   tent

반복해서 소리 내어 읽어요.

탁자

table

[테이블]

table   table   table

table   table   table

택시

taxi

[택시]

taxi   taxi   taxi   taxi

taxi   taxi   taxi   taxi

위로 / 위쪽에

up

[업]

up　up　up　up　up

up　up　up　up　up

밑에 / 아래에

under

[언더]

under　under　under

under　under　under

삼촌 / 아저씨

uncle

[엉클]

uncle   uncle   uncle

uncle   uncle   uncle

우산

umbrella

[엄브렐라]

umbrella   umbrella

umbrella   umbrella

빈칸에 들어갈 알맞은 알파벳을 써서 단어를 완성해요.

r ice

t a xi

su n

qu e en

ten t

un c le

알맞은 단어의 칸을 색칠해요.

탁자 | teble | table

토끼 | rabbit | rebit

모래 | sand | samd

그림 속 단어를 읽고 따라 써요.

sun

sea

umbrella

toy

sand

tent

목소리

voice

[보이스]

voice   voice   voice

voice   voice   voice

조끼

vest

[베스트]

vest   vest   vest   vest

vest   vest   vest   vest

꽃병

vase

[베이스]

vase   vase   vase   vase

vase   vase   vase   vase

바이올린

violin

[바이얼린]

violin   violin   violin

violin   violin   violin

바람

wind

[윈드]

wind wind wind wind

wind wind wind wind

걷다

walk

[워크]

walk walk walk walk

walk walk walk walk

물

water

[워터]

water   water   water

water   water   water

창문

window

[윈도우]

window   window

window   window

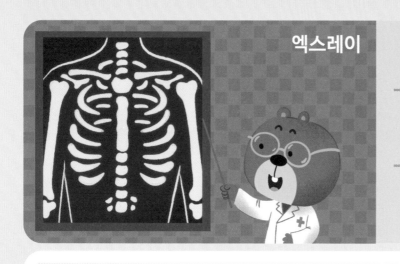

엑스레이

x-ray
[엑스-레이]

x-ray   x-ray   x-ray

x-ray   x-ray   x-ray

실로폰

xylophone
[자일러폰]

xylophone   xylophone

xylophone   xylophone

크리스마스

x-mas

[엑스-마스]

x-mas   x-mas   x-mas

x-mas   x-mas   x-mas

크리스마스를 떠올리며 색칠해 보아요.

네.

yes

[예스]

yes   yes   yes   yes

yes   yes   yes   yes

요트

yacht

[야트]

yacht   yacht   yacht

yacht   yacht   yacht

하품

yawn

[연]

yawn   yawn   yawn

yawn   yawn   yawn

노란색

yellow

[옐로우]

yellow   yellow   yellow

yellow   yellow   yellow

동물원

zoo

[쥬]

zoo   zoo   zoo   zoo

zoo   zoo   zoo   zoo

얼룩말

zebra

[지브러]

zebra   zebra   zebra

zebra   zebra   zebra

영

zero

[지로우]

zero   zero   zero   zero

zero   zero   zero   zero

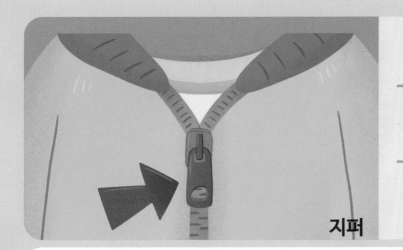

지퍼

zipper

[지퍼]

zipper   zipper   zipper

zipper   zipper   zipper

빈칸에 들어갈 알맞은 알파벳을 써서 단어를 완성해요.

v ase

wi n d

z oo

w a ter

zer o

yach t

v i olin

win d ow

zi p per

z e bra

yaw n

x-ra y

68

사다리 타기를 하며 그림과 단어의 첫 알파벳이 올바르게 이어진 것을 찾으세요.

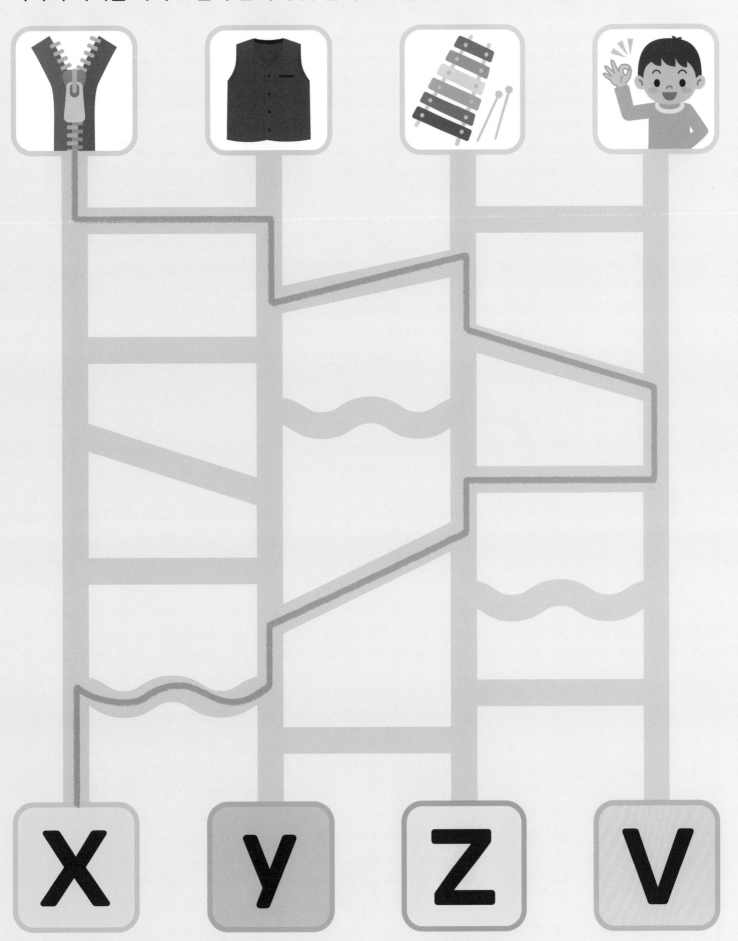

주제별 그림 사전

숫자 · number

1
one
[원]

2
two
[투]

3
three
[쓰리]

4
four
[포]

5
five
[파이브]

6
six
[식스]

7
seven
[세븐]

8
eight
[에잇]

9
nine
[나인]

10
ten
[텐]

숫자 단어를 읽고 따라 써요.

1 one [원]

one one one one

2 two [투]

two two two two

3 three [쓰리]

three three three

4 four [포]

four four four four

5 five [파이브]

five five five five

74

6

six
[식스]

six six six six

7

seven
[세븐]

seven seven seven

8

eight
[에잇]

eight eight eight

9

nine
[나인]

nine nine nine nine

10

ten
[텐]

ten ten ten ten

yellow
[옐로우]

orange
[어륀지]

green
[그린]

blue
[블루]

red
[레드]

pink
[핑크]

black
[블랙]

white
[화이트]

red
빨간색 [레드]

red   red   red   red

yellow
노란색 [옐로우]

yellow   yellow   yellow

orange
주황색 [어륀지]

orange   orange   orange

green
초록색 [그린]

green   green   green

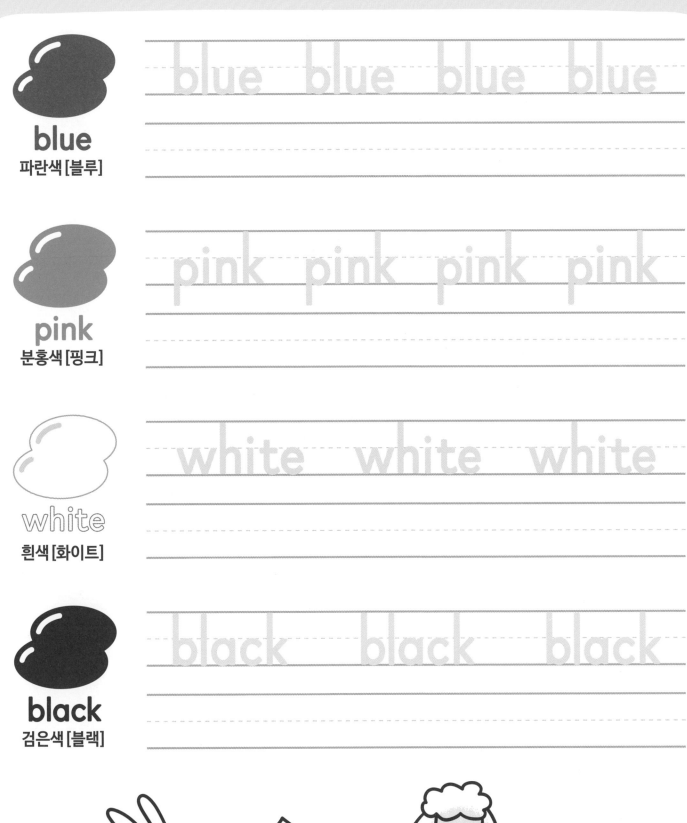

blue
파란색 [블루]

blue blue blue blue

pink
분홍색 [핑크]

pink pink pink pink

white
흰색 [화이트]

white white white

black
검은색 [블랙]

black black black

알맞은 수 단어를 쓰고, 수만큼 색칠해요.

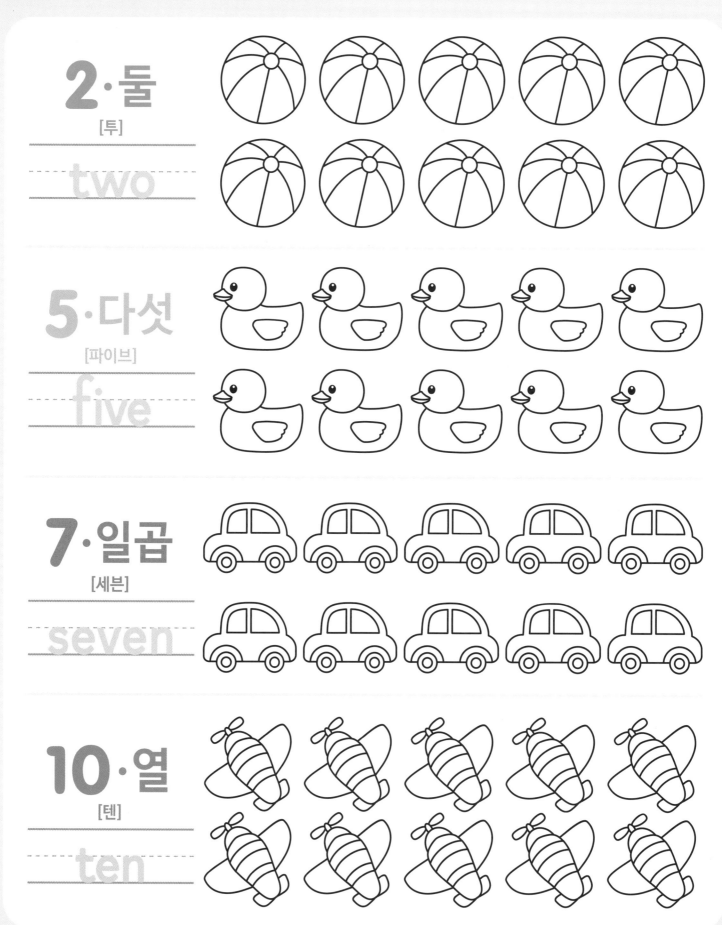

2·둘
[투]
two

5·다섯
[파이브]
five

7·일곱
[세븐]
seven

10·열
[텐]
ten

숫자별 색을 칠해서 그림을 완성해요.

father
[파더]

mother
[마더]

dog
[도그]

grandfather
[그랜드파더]

brother
[브라더]

sister
[시스터]

grandmother
[그랜드마더]

83

가족 단어를 읽고 따라 써요.

grandfather
할아버지 [그랜드파더]

grandmother
할머니 [그랜드마더]

father
아버지 [파더]

mother
어머니 [마더]

빈칸에 단어를 직접 써 보세요.

sister
누나 / 여동생 [시스터]

sister   sister   sister

brother
형 / 남동생 [브라더]

brother   brother

dog
강아지 [도그]

dog   dog   dog

family
가족 [패밀리]

family   family   family

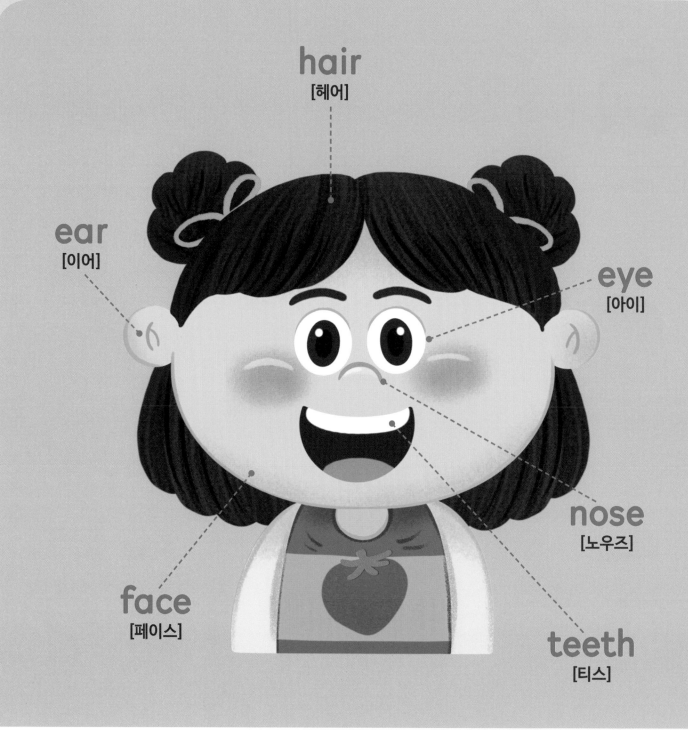

hair
[헤어]

ear
[이어]

eye
[아이]

nose
[노우즈]

face
[페이스]

teeth
[티스]

face
얼굴 [페이스]

face face face face

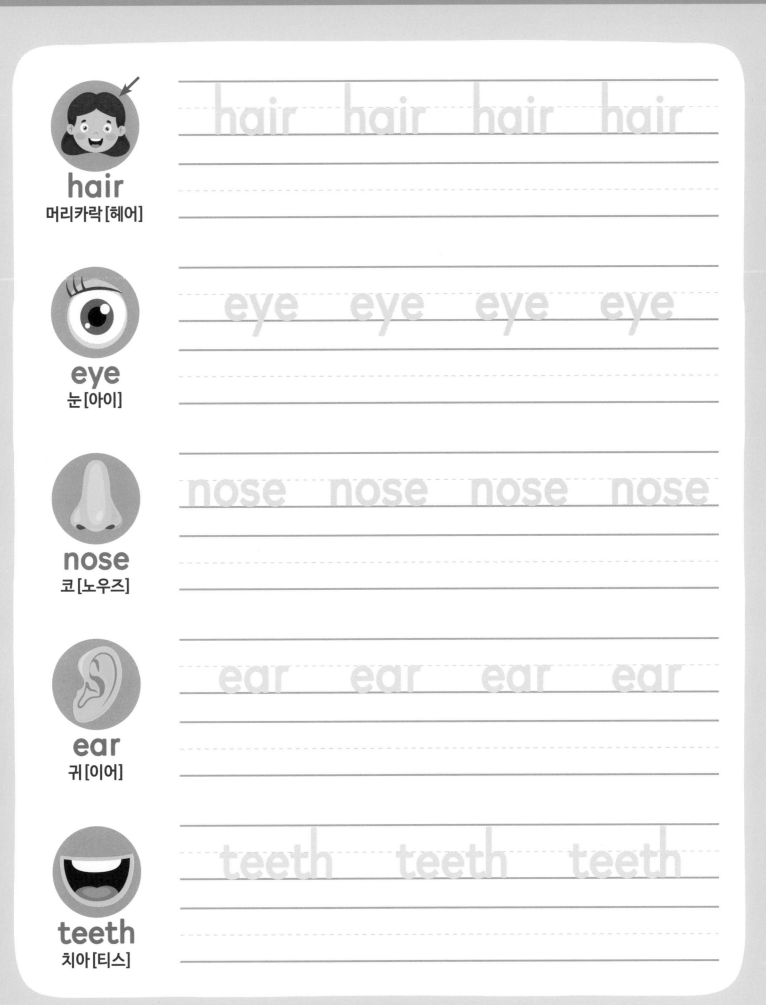

hair
머리카락 [헤어]

hair hair hair hair

eye
눈 [아이]

eye eye eye eye

nose
코 [노우즈]

nose nose nose nose

ear
귀 [이어]

ear ear ear ear

teeth
치아 [티스]

teeth teeth teeth

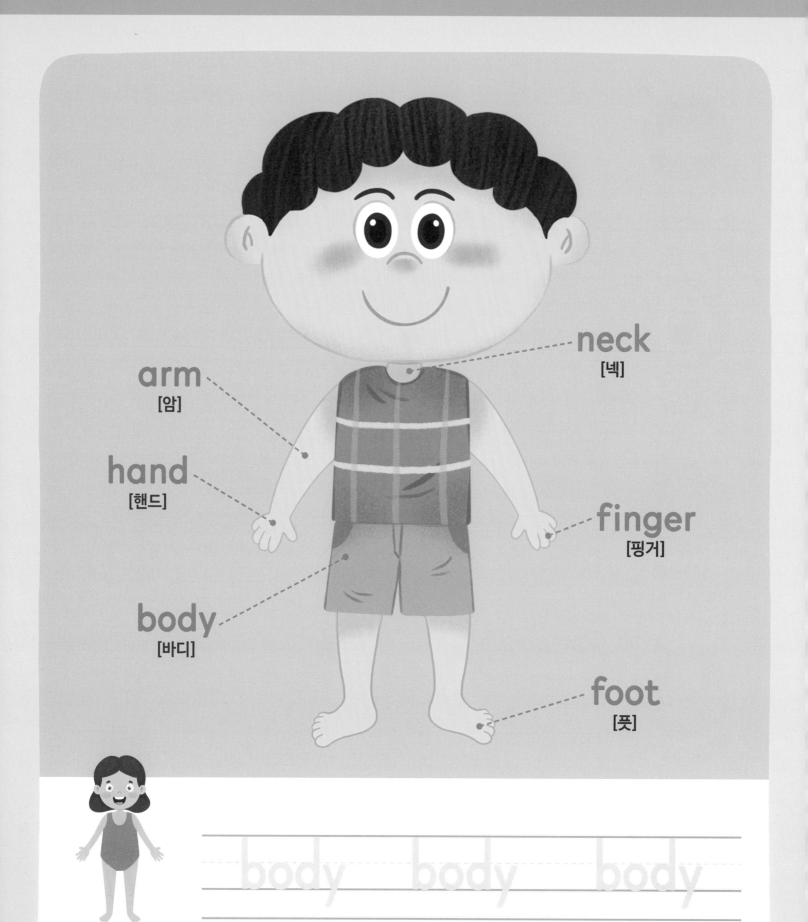

arm
[암]

neck
[넥]

hand
[핸드]

finger
[핑거]

body
[바디]

foot
[풋]

body
몸[바디]

body   body   body

몸과 관련된 각 기관의 단어를 소리 내어 읽고 써 보세요.

neck
목 [넥]

neck neck neck neck

arm
팔 [암]

arm arm arm arm

hand
손 [핸드]

hand hand hand

finger
손가락 [핑거]

finger finger finger

foot
발 [풋]

foot foot foot foot

가족 구성원의 단어로 가로세로 낱말 퍼즐을 완성해요.

강아지

할아버지

누나

어머니

아버지

주어진 단어와 연관 있는 사물을 가장 많이 가지고 있는 동물을 찾아 ○ 하세요.

monkey
[멍키]

lion
[라이언]

elephant
[엘리펀트]

crocodile
[크라커다일]

zebra
[지브러]

tiger
[타이거]

giraffe
[저래프]

동물 단어를 읽고 따라 써요.

zoo
동물원 [쥬]

zoo   zoo   zoo   zoo

lion
사자 [라이언]

lion   lion   lion   lion

zebra
얼룩말 [지브러]

zebra   zebra   zebra

giraffe
기린 [저래프]

giraffe   giraffe   giraffe

monkey
원숭이 [멍키]

monkey monkey

elephant
코끼리 [엘리펀트]

elephant elephant

tiger
호랑이 [타이거]

tiger tiger tiger

crocodile
악어 [크라커다일]

crocodile crocodile

sunny
[써니]

rainy
[레이니]

cloudy
[클라우디]

rainbow
[레인보우]

windy
[윈디]

snowy
[스노우이]

날씨 단어를 읽고 따라 써요.

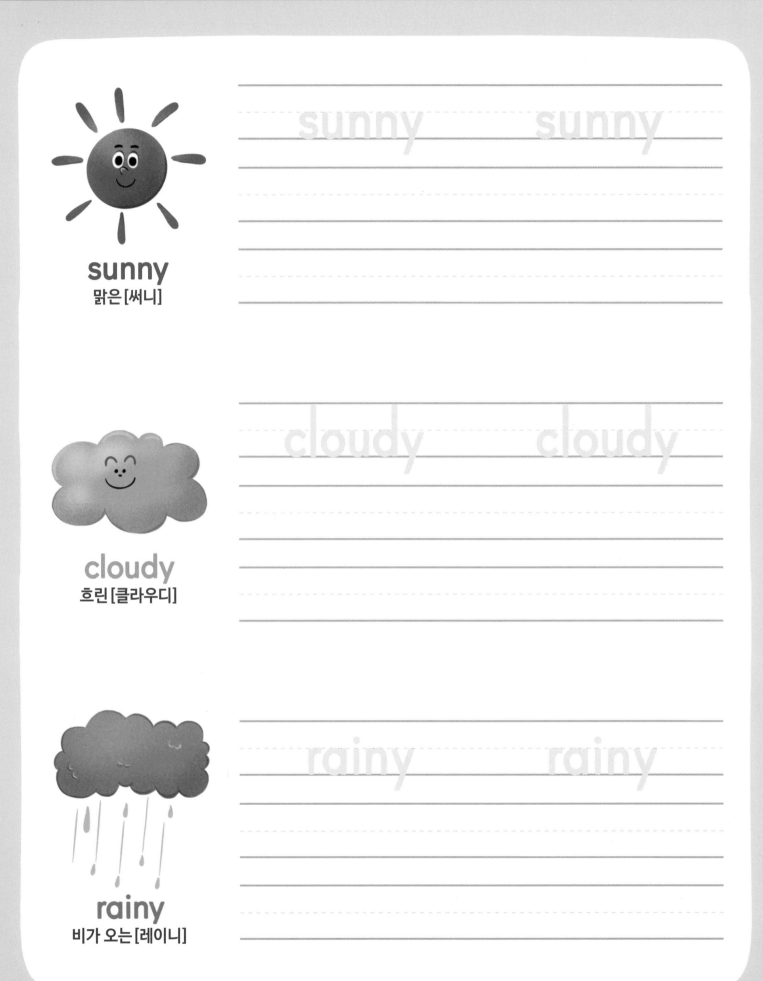

sunny
맑은 [써니]

sunny   sunny

cloudy
흐린 [클라우디]

cloudy   cloudy

rainy
비가 오는 [레이니]

rainy   rainy

windy
바람이 부는 [윈디]

windy   windy

snowy
눈이 내리는 [스노우이]

snowy   snowy

rainbow
무지개 [레인보우]

rainbow   rainbow

그림의 단어를 표에서 찾아 ○ 해요.

zebra

crocodile

tiger

lion

monkey

c	t	l	i	o	n
r	s	i	o	f	g
o	m	o	g	s	c
c	o	g	a	e	e
o	n	c	s	d	r
d	k	o	n	k	u
i	e	r	s	e	d
l	y	e	s	y	a
e	i	g	s	d	r
l	z	e	b	r	a

ZOO

토끼가 날씨가 맑은 곳으로 갈 수 있도록 길을 따라가 보세요.

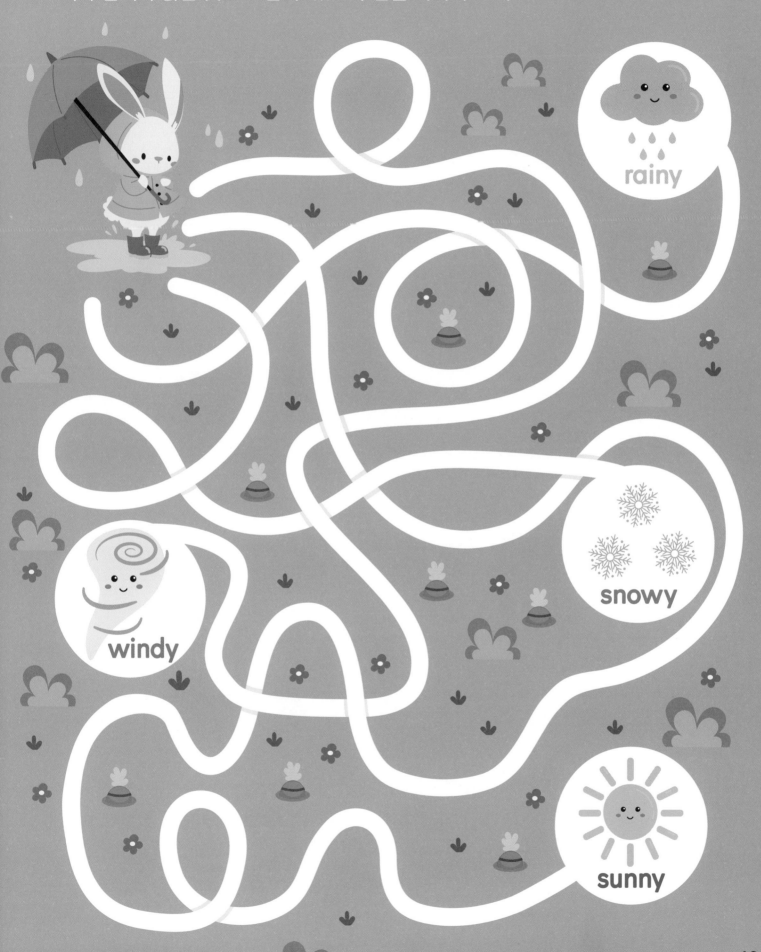

happy
[해피]

worry
[워리]

glad
[글래드]

annoyed
[어노이드]

sad
[새드]

lonely
[로운리]

angry
[앵그리]

scared
[스케얼드]

happy
행복한 [해피]

happy happy happy

glad
기쁜 [글래드]

glad glad glad glad

angry
화난 [앵그리]

angry angry angry

sad
슬픈 [새드]

sad sad sad sad

worry
걱정하다 [워리]

worry   worry   worry

scared
무서워하는 [스케얼드]

scared   scared   scared

lonely
외로운 [로운리]

lonely   lonely   lonely

annoyed
짜증난 [어노이드]

annoyed   annoyed

bee
[비-]

beetle
[비틀]

butterfly
[버터플라이]

dragonfly
[드래곤플라이]

spider
[스파이더]

ant
[앤트]

ladybird
[레이디버드]

ant
개미 [앤트]

ant   ant   ant   ant

spider
거미 [스파이더]

spider   spider   spider

bee
벌 [비-]

bee   bee   bee   bee

ladybird
무당벌레 [레이디버드]

ladybird   ladybird

dragonfly
잠자리 [드래곤플라이]

butterfly
나비 [버터플라이]

beetle
딱정벌레 [비틀]

bug
벌레 / 작은 곤충
[버그]

동물들의 표정을 보고 어떤 기분인지 알맞은 단어를 찾아 연결해요.

지금 기분이 어떤지 표정을 그리고 알맞은 단어에 색칠해요.

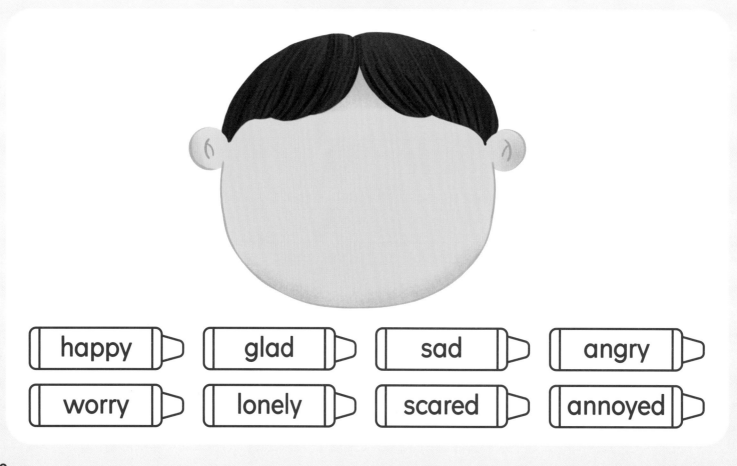

점을 이어 어떤 곤충인지 알아보고 이름을 써 보세요.

bee

정답

14-15쪽

a-d로 시작하는 단어 복습

24-25쪽

e-h로 시작하는 단어 복습

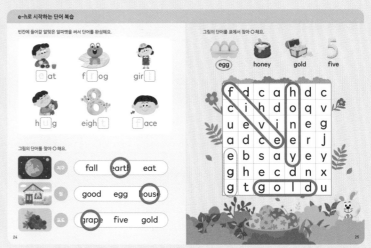

34-35쪽

i-l로 시작하는 단어 복습

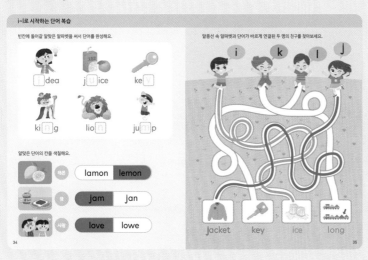

44-45쪽

m-p로 시작하는 단어 복습

56쪽

q-u로 시작하는 단어 복습

69쪽

80-81쪽

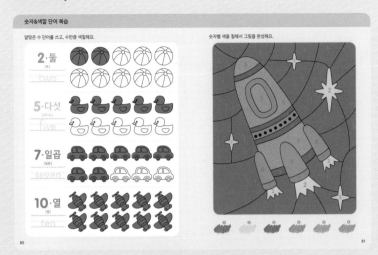

90-91쪽

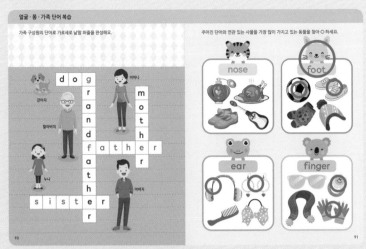

100-101쪽

110-111쪽

첫 영단어 배움상

_____ 어린이는 첫 영어 단어 쓰기를
잘 마쳤으므로, 이 상장을 드립니다.

년   월   일

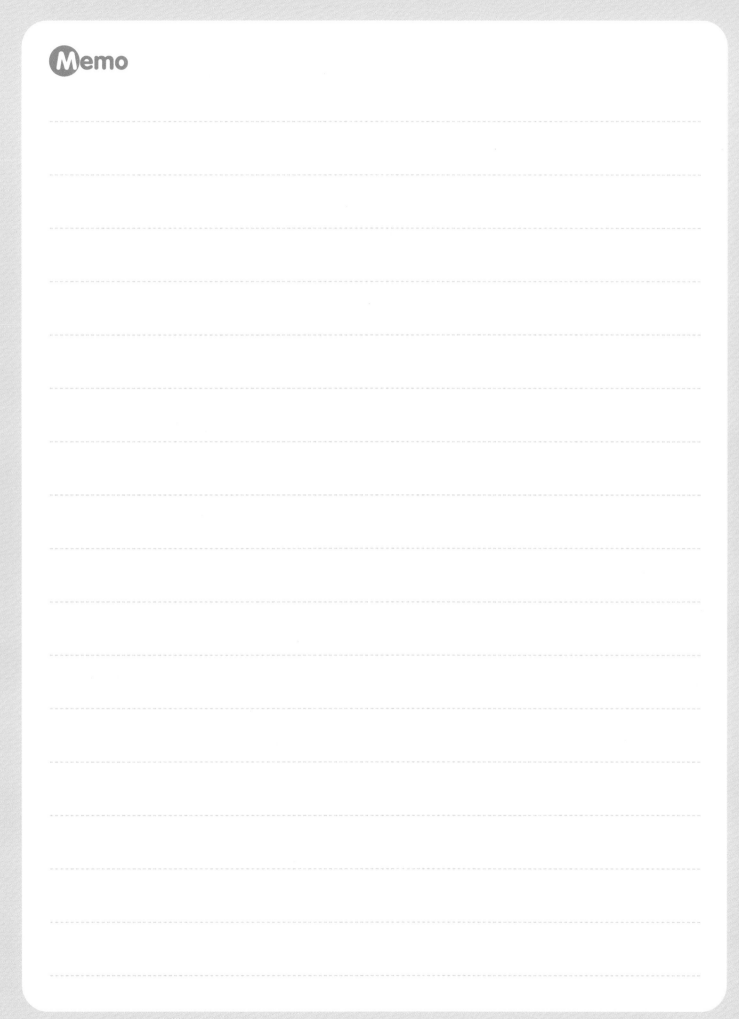

Memo

재미있고 빠른
영단어 쓰기

초판 1쇄 발행 2024년 12월 15일
지은이 한빛학습연구회 **그림** 김은미 **펴낸이** 김태헌
총괄 임규근 **책임편집** 전혜원 **디자인** 안경희
영업 문윤식, 신희용, 조유미 **마케팅** 신우섭, 손희정, 박수미, 송수현 **제작** 박성우, 김정우
펴낸곳 한빛에듀 **주소** 서울특별시 서대문구 연희로2길 62 한빛미디어(주) 실용출판부
전화 02-336-7129 **팩스** 02-325-6300
등록 2015년 11월 24일 제2015-000351호 **ISBN** 979-11-6921-309-7 73740

이 책에 대한 의견이나 오탈자 및 잘못된 내용은 출판사 홈페이지나 아래 이메일로 알려주십시오.
파본은 구매처에서 교환하실 수 있습니다. 책값은 뒤표지에 표시되어 있습니다.
한빛에듀 홈페이지 edu.hanbit.co.kr **이메일** edu@hanbit.co.kr

지금 하지 않으면 할 수 없는 일이 있습니다.
책으로 펴내고 싶은 아이디어나 원고를 메일(writer@hanbit.co.kr) 로 보내주세요.
한빛미디어(주)는 여러분의 소중한 경험과 지식을 기다리고 있습니다.

사용연령 3세 이상 **제조국** 대한민국
사용상 주의사항 책종이가 날카로우니 베이지 않도록 주의하세요.